AF197239

POEMS

no
TWEETS

Gedichte
von
Siegfried Schleicher

© 2020 Siegfried Schleicher

Autor: Siegfried Schleicher
Umschlaggestaltung: Ute Hildebrandt und der Autor,
unter Verwendung eines Fotos von Katharina Schleicher
(Street-Art-Dokument))

Die im Innenteil verwendeten Fotos sind Privataufnahmen
des Autors.
Das Copyright für das Großstadtbild (S. 26) besitzt
Martina Bartels.

Verlag & Druck: tredition GmbH, Halenreie 40-44, 22359
Hamburg

ISBN: 978-3-347-14921-2 (Paperback)
ISBN: 978-3-347-14922-9 (Hardcover)
ISBN: 978-3-347-14923-6 (e-Book)

Das Werk, einschließlich seiner Teile, ist urheberrechtlich
geschützt. Jede Verwertung ist ohne Zustimmung des Verlages
und des Autors unzulässig. Dies gilt insbesondere für die
elektronische oder sonstige Vervielfältigung, Übersetzung,
Verbreitung und öffentliche Zugänglichmachung.

Bibliografische Information der Deutschen Nationalbibliothek:
Die Deutsche Nationalbibliothek verzeichnet diese Publikation in
der Deutschen Nationalbibliografie; detaillierte bibliografische
Daten sind im Internet über http://dnb.d-nb.de abrufbar.

Bei vielen Menschen ist das
Versemachen eine
Entwicklungs-Krankheit des Geistes.

(Georg Christoph Lichtenberg)

So fahret fort zu dichten …

(Goethe)

Für Ute

Jahreszeiten

Vorfrühling (in der Uckermark)

Braune Eichenblätter
sirren ungeduldig
im Wind

Ein Zitronenfalter
taumelt herüber
aus dem vergangenen Herbst

Dürre Sträucher
schütteln den Winter
aus ihren Zweigen

Die Lerche
steigt zum Singflug
in den blassblauen Himmel

Drei Fliegen
summen trotzig
vom Sommer

Wir sehen
Das Tauziehen der Jahreszeiten:
Bald siegen die frischen Kräfte
                    des Frühlings

Aprilwetter

Westwind wirft Schneeregen ans
        Fenster
Drei Krähen torkeln wie nasse
        Gespenster

Totes Laub kreiselt sinnlos im
        Gras
Häuser schwimmen wie im Schüttel-
        Glas

Knospende Zweige peitschen auf
        Zäune
Räudige Katzen umstreunen die
        Scheune

Eine empörte Amsel schimpft
        laut
Heut hat noch kein Vogel am Neste
        gebaut

Der Westwind wirft nasskalte
        Schlingen
Wer mag da den Tag draußen
        verbringen

Loblied auf den einzigartigen Vogel des Sommers: den MAUERSEGLER[*]

Abendhimmel – Mauersegler kreischen wie Kinder im
Kettenkarussell,
Pubertierende Gaukler der Lüfte wechseln die Flugmodi
schnell -
Und wir schauen nach oben und nippen am Wein:
So fröhlichbeschwingt soll ein Sommerabend sein!

Abende wie diesen wollen wir noch viele genießen:
Pfirsichfarbener Himmel, pfeilschnelle Segler,
Strandnelken, die sprießen ...
Und im August kommt ein Moment Melancholie:
Sie sind fort - wir vermissen das wirbelnde *SrieSrieSrie*

---

[*] lat. Apus Apus

Sommerfrische

Hey, lass uns mal spontan
In die Sommerfrische fahr'n
Gesagt – getan
Schon sind wir auf der Autobahn

Neee Stau

Wir schlendern Hand in Hand
Über feinkörnigen Sand
Am Nordseestrand
Ein Herr grüßt galant

Hans von Blank

Wir sitzen im Strandkorb 106
Du plauderst über Sex
Motto-Parties in Latex
Ich bin perplex

Relax, relax

Wolken wandern ohne Ziel
Möwen torkeln überm Priel
Du liebst der Wellen Spiel
Wie die Küstenfahrt im Wohnmobil

Mit Gefühl

Die Polarsterne flimmern
Die Glühwürmchen glimmern
Die Bootslampen schimmern
Ob diese Verben schön schillern

Frag
Goethe

Herbstabend am Bundesplatz *(Berlin)*

Aus dem Fenster schauend
siehst du auf der Himmelsbühne
die Metamorphose des Tags
in die Nacht.

Das Spiel der Farben
treibt den Wechsel voran.
Der Himmel – eben noch blau -
zerfließt wie Buttercreme.
Ein berauschter Beleuchter
übernimmt die Regie:

Vergießt gleißendes Silber,
Wirft einen güldenen Ball,
Verschüttet Rosé de Provence,
Kanalisiert höllische Lava.

Im feuerroten Abendhimmel schwimmen
schwarze Wolken wie
dunkle Lotsenboote heran
im Schlepptau die heraufziehende Nacht

Blaue Stunde?
RushhourTime:
Autokorso für den Feierabend.

Ein Passant hält inne
und bewundert wie wir
den Sonnenuntergang.

schon wieder herbst

autoversicherer animieren
zum anbieterwechsel
    findest du hier
    die alternative zum
    prämienbegünstigten sparen

gute-laune-moderatoren monieren
herannahende tiefs
    selbst der klimawandel
    wird uns keinen ewigen
    sommer bescheren

in den grünanlagen werden
abfallprodukte des sommers beseitigt
    auf frisches laub
    müssen wir monate warten -
    müll kennt keinen natürlichen zyklus

weihnachtsgebäckpaletten versperren
die laufwege im supermarkt
    spekulatius und lebkuchen
    stehen im endspiel des jahres gegen
    müsliriegel und fitnessschnitte

überall grinsen vielfarbige
kürbisfratzen dich an
    und zu halloween
    gibt's kürbiskompott
    süß-sauer (nach Omas Rezept)

Novemberschnee

wirbelt im Wind
bezaubert mein Kind

verpixelt das Licht
benetzt mein Gesicht

bestäubt Bäume und Büsche
reizt Radfahrers Psyche

mildert die Großstadtgeräusche
puscht pubertäres Gekreische

begeistert spielende Kinder
weckt Lust auf den Winter

bleibt selten lang liegen
beschert nur ein kurzes
Vergnügen

***Der Winter** ist ein rechter Mann,
Kernfest und auf die Dauer …*

Wer mag Dir noch glauben, Matthias Claudius …

Der Winter versteckt sich so oft:

> Verfolgt vom Klimawandel
> Verschreckt durch Gender**
> Geschmäht vom Verkehrsrundfunk
> Von Schneekanonen verspottet
> Von den Kindern bald schon vergessen?

Und ist er weder *dort* noch *hier*
Und lässt er uns weiter warten:

> Erfreu'n wir uns
> an SCHNEEglöckchen und
> WINTERlingen im Garten.
> Und lesen **Gedichte**
> beim Tee über
> Wintermorgen und -nächte.

(e 28.1.2020)

„a word, a tune, a story, a line
keys in the wind t'unlock my mind"[1]

Kein Wartezimmer Blues

Ich sitz in `nem wandbildlosen Wartezimmer -
Warten-zu-müssen ist lästig wie immer.
Heute scheint aber alles anders zu sein:
Niemand glotzt, gähnt oder schläft ein,
Niemand seufzt betrüblich wie üblich …

Ich kenn all die Leute und ihre Gesichter,
Die meisten sind Sänger, Künstler … und Dichter.
Hast du je mit einem von ihnen gesprochen,
Gesimst, gechattet - aufs CupFinal gewettet?
Und Bob Dylan singt: *Don't think twice, it's all right*
Drüben geraten Stan und Olli in Streit.

Ein Lautsprecher krächzt: „Als nächster, Herr Freud!"
Ein Herr erhebt sich vom Sofa und lacht.
Du fragst deinen Nachbarn, den linken, ganz sacht:
„Haben Sie die Traumdeutung gelesen, Herr Brecht?"
Der rückt die abgewetzte Proletenmütze zurecht:
        ‚Wir stehen selbst enttäuscht und sehn betroffen
        Den Vorhang zu und alle Fragen offen.'
Und Bob Dylan singt: *Don't think twice, it's all right*

Einstein malt die Formel für den Stillstand der Zeit.
Schnupftabak trinkend meint Monsieur Magritte:
„Die Zeit bohrt sich durch Wolken und Bakelit."
„Ob an der Marne oder am Don, ob in Palmyra oder
                                                Saigon,
Es ist immer Zeit für den Frieden zu kämpfen", sagt Yoko
                                                zu John.

16

Tambourine erklingen; die Gesichter verschwimmen,
Du spürst sanft schwingendes Summen von Stimmen.
Und Bob Dylan singt: *Don't think twice, it's all right*

Ich tanze mit Marilyn Monroe im weißen Kleid.
Der Raum hat sich in einen Tanzsaal verwandelt.
Wir sehen, wie Dr. Feelgood mit Aretha anbandelt.
Oder wird da nur über die Gage verhandelt?
Allen Ginsberg führt die Polonaise der Fools & Beats.
Wir skandieren Gedichte für *wwwdotPOEMSnoTweets*
Und Bob Dylan singt: *Don't think twice, it's all right*

Ballade vom verspielten Glück
„Lost time is not found again"

Er sitzt wie immer am kurzen Ende vom Tresen
Und denkt: Oft bin ich mit Tom hier gewesen
Der hat seine verrückten Geschichten erzählt
Da hat mich nie die Langeweile gequält
Lost time is not found again

Er kritzelt verträumt auf `nem Bierdeckel rum
Und denkt: Wie war ich damals bloß dumm
Nicht mit ihm nach Kalifornien zu geh'n
Und feige, die Mutlosigkeit einzugesteh'n
Lost time is not found again

Er bestellt noch ein weiteres Bier
Und denkt: Samstags war Gina gern hier ...
Um Mitternacht hat sie stets ‚Imagine' gesungen
Und das hat immer so magisch geklungen
Lost time is not found again

Er lässt ne Münze auf der Theke kreisen
Und denkt: Ich muss endlich mal verreisen
Wie oft hat er das schon gedacht
Doch den entscheidenden Schritt nicht gemacht
Lost time is not found again

Er fixiert den Langen, der lauernd herüberschielt
Und denkt: Viel hab ich beim Zocken verspielt
Nicht nur der Schmuck – auch Gina ist weg
Verflucht sei das Glücksspiel, vor allem BlackJack
Lost time is not found again

Gereiztes Getöse reißt ihn aus seinen Gedanken
Er weiß, dass notorische Nörgler wieder mal zanken
Schale Gewissheiten werden mit krassen Sprüchen
garniert
Sie trumpfen auf und haben so gar nichts kapiert.
Lost time is not found again

Mitternacht – traurig wandert der Blick zum Klavier
Er denkt: Wär'n Tom und Gina jetzt hier
Die Einsamkeit wär' leicht zu besiegen -
Gleich morgen würden wir nach Frisco fliegen
Lost time is not found again

One more cup of coffee

Sie sitzen stumm im Frühstückssaal;
Von Abschied zu sprechen – eine Qual,
Er muss bald gehen -
Zupft schon am Schal.
> *One more cup of coffee 'fore I go*

Gleich treff ich den smarten Monsieur Depot.
Gläubiger empfängt er nur im Büro.
„Wucherzinsen zahl ich nicht!"
Tapferer Trotz macht froh:
> *One more cup of coffee 'fore I go*

Wolf wartet auf die Straßenbahn,
Um ihn herum: der Alltagswahn.
Er will schnell weg hier -
das ist sein Plan.
> *One more cup of coffee 'fore I go*

Auf dem Flohmarkt gibt's viel zu seh'n,
Da bleibt Lola gerne mal steh'n.
Doch Bill will lieber
ins Kaffeehaus geh'n!
> *One more cup of coffee 'fore I go*

Sie sind zum ersten Mal in dieser Bar;
Ich bin fast jeden Abend da.
Und der Pianist spielt -
ist wirklich wahr:
> *One more cup of coffee 'fore I go*

Wie werd ich diesen samtenen Abend verbringen?
Im ‚Moonlight' soll ein SingerSongWriter singen.
Dort kellnert Lily -
Wird die Versöhnung heute gelingen?
One more cup of coffee 'fore I go

Louis the King spürt den Knauf der Knarre,
Der Bartender zieht an der Zigarre.
Und das Publikum verlässt den Saal -
Der Sänger verstaut die Gitarre.
One more cup of coffee 'fore I go

Aus Sternschnuppen purzeln Wünsche heut
                                    Nacht,
Ihr flirtet und flüstert und schäkert und lacht
Und tanzt fröhlich durch die Gassen der Stadt,
Findet ‚Ben's Bahnhofscafé', das öffnet um Acht.
One more cup of coffee 'fore they go

In dieser kalten Stadt

Ich stehe einsam am Bahnhof
Von dieser kalten Stadt
Und starre auf die Reklame:
PlakatanPlakatanPlakat
   Hier … die bunten Bildchen verschlissen,
   Dort … der kernige Kehrreim zerrissen -
   Und drüben das Kino ‚Filmbühne':
   Da traf ich dich oft, Josephine.
    Meet me in the Morning …

Ich streune über die Plätze
In dieser kalten Stadt
Und spähe in manches Zimmer,
die Lampen glimmen matt.
   Hier zocken grauhaarige Spieler,
   Dort fröstelt der dünne Dealer,
   Im Eckhaus zuckt eine Gardine,
   Steht dort nicht Josephine?
    Meet me in the Morning …

Ich treibe durch die Straßen
In dieser kalten Stadt
Und blicke in Schaufenster,
Auf viele Waren gibt's Rabatt.
   Jetzt sind die Läden geschlossen,
   Bald streiten Paare verdrossen,
   Irgendwo surrt eine Maschine.
   Rasch huscht vorbei Josephine:
    Meet me in the Morning …

Ich lehne an einer Linde
In dieser kalten Stadt,
Beobachte eine Katze,
Ihr Fell ist scheckig und glatt.
    Vor `nem Kiosk stehn ein paar Stühle,
    Ein Brunnen verströmt muffige Kühle,
    Plötzlich – ein Hauch Apfelsine -
    Der Duft von Josephine:
        Meet me in the Morning ...

Ich sitze auf einer Parkbank
In dieser kalten Stadt.
Vorbei schlendert ein Pärchen,
Er schiebt ihr rostrotes Rad.
    Sanft rauscht der Wind durch die Bäume,
    Ich zähle die Sterne und träume ...
    Romantisches Dunkel – es fehlt die Ruine.
    Und ich denke ständig an dich: Josephine ...
        Meet me in the Morning...

Ich miete ein Zimmer im alten Hotel
Von dieser kalten Stadt
Und warte und lausche und zweifle:
Findet das Wiedersehen nun statt?
Ein Bett, ein Sessel, ein wackliger Tisch,
    Von der Wand her beäugt mich ein Fisch,
    Eine Flasche Rotwein steht in der Vitrine.
    Ich gönn' mir ein Glas: Auf Josephine ...
        Meet me in the Morning ...

Immer was los
Oder: „... city that never sleeps"

Morgens, mittags, abends – wir hasten durch die Stadt
Döner, Bratwurst, Sushi – selten sind wir satt
Fahrräder, Autos, Roller – vor allem: es geht schnell
Lichter, Märkte Plakate, – wir wollen's bunt und grell
Museen, Kinos, Theater – wir konsumieren auch Kultur
Joggen, Walken, Skaten – Fitness hält dich in der Spur

„Well, I'm stranded in the city that never sleeps"

Kaufsüchtige durch gläserne Shoppingmalls eilen
Liebespaare an pittoresken Plätzen verweilen
Skaterinnen grazil um Passanten sich schlängeln
Vorstadtgören wegen jeder Kleinigkeit quengeln
Schulschwänzer frustriert auf Parkbänken hocken
Alleinunterhalter am Busbahnhof rocken

„Well, I'm stranded in the city that never sleeps"

Straßenmaler eifrig Portraitbilder pinseln
Zwergpinscher vor dampfenden Wurstbuden winseln
Basecap und Sommerhut streiten laut und heftig
FlipFlops und Stöckelschuhe assistieren deftig
Neureiche blödeln wie Ideenarme
Kleine Mädchen spielen große Dame

„Well, I'm stranded in the city that never sleeps"

Viele Verarmte fahnden nach Flaschen
Flinke Diebe fischen Sachen aus Taschen
Verwahrloste Kids schmöken in schummrigen Fluren
Vereinsamte Männer sind auf den Spuren der Huren
Protzige Autos okkupieren Fußgängerwege
Blondierte Girlies betreiben Nagelpflege

„Well, I'm stranded in the city that never sleeps"

Tätowierte Waden stampfen den Asphalt
Angetrunkne Rowdies suchen die Gewalt
Unstete Gestalten streunen durch die Nacht
Kriminelle Gangs kämpfen um die Macht
Ausgebüxte Töchter verstecken sich in Clubs
Tribalistische Touristen sammeln sich in Trupps

„Well, I'm stranded in the city that never sleeps"

Nachtschwärmer trifft Frühaufsteher im Späti an der Ecke
Pendler und Kuriere sind ständig auf der Strecke
Mauerblümchen fragt Modepüppchen nach dem Weg
zum Ruhm
Baulöwen und Banker berauschen sich am Boom
Militante Machos protzen, grinsen und lärmen
Fröhliche Menschen lachen, singen und schwärmen

„Well, I'm stranded in the city that never sleeps"

Diese surft heiter durchs Leben, jener zappelt im ‚Netz'
Die da liebt gute Gespräche, der da treibt hohles
Geschwätz
Wir sind unterwegs – hoffen auf Erfolg und auf Glück
Und vertrau'n auf den Zufall und das eigene Geschick

Ich steh mal am Rande, mal im Getümmel und hör das
Geraune:
Ich seh auf das Treiben der Menschen - und staune

„Well, I'm stranded in the city that never sleeps"

Performance (Oder: *Something is happening here ...*)

Du kommst zu dieser Tanzperformance
und scannst sogleich den Raum:
weiße Halle, drei Bänke, keine Stühle -
ein Dispatcher-Balkon für Technik & Regie,
auf dem Boden sind lange Stoffschals drapiert.
Du denkst: Hilfsmittel für die Choreographie.

Wo soll man hier denn sitzen?
Du kommst ins Schwitzen.
Die Zuschauer – laufend werden es mehr –
stehen an Wänden, hocken sich hin ...
... erwarten den Beginn
    Something is happening here
    but you don't know what it is ...

Da und dort stehn Schwarzgewandete Tänzer
neben sommerbunt gekleideten Gästen.
Man schwatzt, schaut ... Du putzt deine Brille.
Plötzlich herrscht Stille.
Du spürst eine Bewegung -
doch die Tänzer verharren.

Alle Augen auf die Saalmitte starren:
Unter dem Stoff eine Kraft, die zieht und rafft
und ein neues Gebilde schafft:
Ein Ball gewinnt rasch an Volumen
rollt hierin, rollt dahin.
    Something is happening here
    but you don't know what it is ...

Du erinnerst dich an Kinderspäße:
Mit Stoffen umwickelt tanzen und tollen …
Der weiche Ball will über Zuschauer rollen,
die grinsen, kichern und denken wohl:
Cool, gleich geht's los mit RocknRoll.

Im Innern der taumelnden Kugel
beginnt es zu zucken und strampeln:
Immer heftiger wird das Zerren und Ziehen.
Aus Spiel wird Kampf.
Ein Mensch will seiner Verhüllung entkommen,
heraus aus der Höhle, dem BAU[2]
  Something is happening here
  but you don't know what it is …

Du denkst: Was geht da vor?
Häutung … Entbindung …
Und siehe da: ein Mensch halbnackt
steigt aus, zögert und flieht.
(Jemand reicht ein Hemd zu bedecken die Blöße.)

Du weißt: Sich selbst zu befreien
ist ein mühsamer Weg.
Wohin treibt's die Befreite?

Die andern Tänzer bezieh'n Position,
stehen zusammen in Formation:
Welches Ziel hat dies Spiel?
  Something is happening here
  but you don't know what it is …

Shelter from the Storm

Sie treiben auf dem tosenden Meer
und die Angst lastet schwer.
Auf dem taumelnden Trawler rücken
die Verlorenen enger zusammen
Und haben sich verzweifelt geschwor'n:
> *I'll give you Shelter from the Storm*

Als die Hitze wochenlang brannte
und niemand Linderung kannte,
Sehen sie auf den steinharten Äckern
die letzten Halme der Hoffnung verdorr'n
Und erschöpft klagen sie matt:
> *Oh Lord, please give us*
> *Shelter from the Storm*

Sie fuhr auf den vergessenen Straßen -
dort, wo all ihre Dämonen saßen.
Sie sah viele verlassene Häuser
und fühlt sich vollends verlor'n,
Denn keine Stimme flüstert:
> *I'll give you Shelter from the Storm*

Heute in dieser mondlosen Nacht
bin ich abrupt aufgewacht
aus einem schrecklichen Traum
Und habe erbärmlich gefror'n;
In deinen Armen spür' ich sofort:
> *You'll give me Shelter from the Storm*

There's too much confusion...

Hier lodert Habsucht, dort nistet Neid.
Hier prunkt der Luxus, dort plagt das Leid.
Hier protzt Verschwendung, dort fehlt das Brot.
Hier wächst der Wohlstand, dort steigt die Not.

Die Welt ist leider kein freundlicher Ort -
Zu viel Bosheit, Verachtung und Hass.
Fanatische Hetzer kennen weder Anstand noch Maß:
Sie sind zynisch, zänkisch und entsetzlich verbohrt.
Und wählen todsicher das verletzende Wort.

Präsidenten missbrauchen scheinheilig die Macht
        selbstherrlich – unehrlich – gefährlich
Sie stoßen die Vernunft zurück in die Nacht
        selbstherrlich – unehrlich – gefährlich
Sie propagieren die Größe der eigenen Nation
        selbstherrlich – unehrlich – gefährlich
Zweifler schmähen sie mit Häme und Hohn.
        selbstherrlich – unehrlich – gefährlich

Vorurteile befeuern den alltäglichen Wahn,
Der Egoismus bricht sich allüberall Bahn.
Befehl und Gehorsam: ein psychotisches Paar.
Aberglaube und Feigheit sind eine große Gefahr.

Die Welt ist leider kein friedlicher Ort:
Ich sehe Verfolgung, Folter und Mord.
Ich sehe Flucht und Vertreibung und Krieg -
Erringen am Ende die Aggressoren den Sieg?

Blues

Koffer voll Schmuck
Koffer voll Nerz
Versprach ich dir damals im März,
Du hast nur spöttisch gelacht:
„Dichte mir lieber romantische Lieder"...
Wird gemacht

Bleistift gekauft
Notizheft dazu
„Schön wär' ein Frühlingslied", sagst du.
Frühling ist kalt, Frühling ist mild.
Frühling ist Farbe, Frühling ist Klang:
Schönes Bild

Sonne, die wärmt
Regen, der kühlt
Dann hast du dich einsam gefühlt... (Warum?)
Als morgens keine Vögel mehr sangen,
verstummtest auch du ... und bist schließlich
gegangen

Körbe voll Brot
Krüge mit Wein
Bringen fröhliche Gäste herein
Und fragen: „Wo ist Manou?"
Felix improvisiert am Klavier:
I want you

Lieder voll Hoffnung
Lieder voll Blues
Wie zart und doch bitter – dein letzter Kuss.
Romantische Lieder wollte ich schreiben …
für dich - bin nun allein
Und lasse es bleiben

Dieses Gedicht ist der Versuch, den Rhythmus von *Buckets of Rain* aufzunehmen.
Aber vor allem ist es eine Hommage an Bob Dylan, dessen Songs in vielen Varianten weiterwirken.
Oder um es mit Kris Kristofferson zu sagen (1992 beim 30th Anniversary Concert für Bob Dylan):
„[…] to pay tribute to one of the most powerful and creative artist of our time [...]"

Manchmal hab ich Lust ...
Improvisationen – angeregt durch Bob Dylans Song
„Sometimes I'm in the Mood"

Manchmal hab ich Lust, verrückte Verse zu dichten,
Manchmal hab ich Lust, vergilbte Fotos zu sichten.
Manchmal hab ich Lust, auf ferne Sterne zu flüchten,
Manchmal hab ich Lust, blasse Ideen neu zu belichten.

Manchmal hab ich Lust, im schäumenden Meer zu
schwimmen,
Manchmal hab ich Lust, nen schrundigen Berg zu
erklimmen.
Manchmal hab ich Lust, das gleißende Licht zu dimmen,
Manchmal hab ich Lust, die verstaubte Gitarre zu
stimmen.

Manchmal hab ich Lust auf ein Croque Monsieur,
Manchmal hab ich Lust auf ein Fricassée de poulet.
Manchmal hab ich Lust auf eine Langouste grillée,
Manchmal hab ich Lust auf ein ZitronenSorbet.

Manchmal hab ich Lust, Bob Dylans Lieder zu singen,
Manchmal hab ich Lust, über die Mauer des Schweigens
zu springen.
Manchmal hab ich Lust, ein Großmaul zur Demut zu
zwingen,
Manchmal hab ich Lust, Dir einen Nugget vom Yukon zu
bringen.

Manchmal hab ich Lust auf ein gezapftes Bier,
Manchmal hab ich Lust auf ein Solo am Klavier,
Manchmal hab ich Lust zu kritzeln auf Papier,
Manchmal hab ich Lust zu feiern wie Satyr.

Manchmal hab ich Lust, die Zeichen der Zeit zu deuten,
Manchmal hab ich Lust, die Glocken der Freiheit zu
                                                läuten,
Manchmal hab ich Lust, das Schwarzgeld der Clans zu
                                                erbeuten,
Manchmal hab ich Lust, mit Dr. Allwissend zu streiten.

Manchmal hab ich Lust, auf den Krümeln der Kargheit zu
                                                kauen,
Manchmal hab ich Lust, die Algorithmen der Börse zu
                                                klauen.
Manchmal hab ich Lust, die Straße der Hoffnung zu
                                                bauen,
Manchmal hab ich Lust, einen Trunk gegen Dummheit zu
                                                brauen.

Manchmal hab ich Lust, gegen flache Steine zu kicken,
Manchmal hab ich Lust, auf die Tube zu drücken,
Manchmal hab ich Lust, luftige Legenden zu stricken,
Manchmal hab ich Lust, Dir blaue Blumen zu pflücken.

[Mural]

Im kleinen Zimmer auf dem Sofa sitzend
      sehe ich aus dem Fenster blickend
      die sandgraue Brandmauer
          des Nachbarhauses
      und einen schmalen Streifen vom Himmel
      Scheint vormittags die Sonne
          beobachte ich
      wie sie einen wandernden Schattenriss
      unseres Dachfirstes darauf malt

      Oft denke ich
          wie schön wäre
              ein Mural

35

Versefenster

Die Einsamkeit des Verses
Flores y mujeres
auf einer verwitternden Wand
Poesie des Meeres
die Magie des Verses
am verwilderten Strand

Schmetterlinge und Kolibris
Karneval im Paradies
Tangotänzer in Türkis
Magic moments von Genies

Wünsche und Träume
Alleen und Bäume

Balkon-Gedicht No. 1
Oder: Die Premiumloge

Drüben tritt jemand
wie ein Kiez-Impressario
auf seinen Balkon

Nebenan schwärmen
zwei Schwestern
von der Reise-Saison

Auf Dachkanten
tanzen Spatzen
ein Gute-Laune-Ballet

Ringsum in den Linden
zwitschern die Vögel
in Dolby Surround Qualität

Von unten
dringen derbe Dialoge
des Volkstheaters herauf

Hoch oben
führen Mauersegler
kesse Kunststücke auf

Und dimmt die große Beleuchterin
allmählich das Licht
raunt es aus den Kulissen der Stadt

Auf den Straßen von Berlin
(gereimt 2019, vor Covid 19)

Eine kesse Krähe knackt den Leihräder-Code,
Der Sushi-Service wird vom Pizza-Boten bedroht.
Paketzusteller plaudert mit Verkehrspolizistin,
Passiv-Raucher loben die Reine-Luft-Aktivistin.

Auf der Verkehrsinsel sonnt sich ein Eisverkäufer.
Neben Altglas-Containern vergammeln Matratzen.
Durch Tempo-30-Zonen tänzeln jetzt Dauerläufer.
Auf Trottoir-Café-Tischen spektakeln die Spatzen.

Die Blumenverkäuferin flirtet mit dem Fensterputzer.
Der Klassenlehrer ertappt den Streber beim Schwänzen.
Ein Falschparker flieht vor dem Gehweg-Nutzer.
Eine Domina skandiert freche Sentenzen.

Die Korkmännchen blinzeln dem Ampelmann zu,
Der wird prompt Rot – und träumt von nem Kuss.
Am Halteverbotsschild baumelt ein löchriger Schuh,
Der Amtsrat denkt: ‚Wann ist Schluss mit dem Stuss?!'

Zwei Touristen liefern sich ein Rollkoffer-Rennen.
Ein Schlüsseldienstleister fragt nach ner Adresse,
In camouflagefarbenen Audis wummern die Bässe.
Ein Einrad-Fahrer ist stolz auf sein Können.

Zwei Lottospieler performen den Rubbellos-Rap.
Teenies probieren peppige Posen fürs Web.
Aus dem vierzehnten Stock segelt ein Baseball-Cap.
Gartenfreunde jäten nach der urban-gardening-App.

Kita-Kinder kichern vor der Kinokasse;
Eine Tweed-Kostüm-Dame rührt in der Kaffeetasse.
Parkgärtnerinnen tragen knallgelbe Westen,
Parkcafékellner schwatzen gerne mit Gästen.

Ein debiler Dackel knabbert an der Leine,
Ein zerstreuter Kunde zerreißt Gutscheine.
Zwei coole Jungs hören mothafucka HipHop,
Ein Putzmann wedelt mit dem WischMopp

Boomer bummeln übern Boulevard.
Denkmalschützer mobben Architekten.
Hobbygärtner zählen die Insekten.
Cocktailtester zieh'n von Bar zu Bar.

Amsel-Gedichte

Tagelied

Die Antenne auf dem Hinterhofhaus:
Nutzloses Denkmal des analogen TV-Zeitalters?
Begehrter Sendeplatz für frühmorgendliche Solosänger!

Die Amsel ist als erste da
Von hoher Warte erklingt ihr Lied
Mit vagem Echo vom Nachbarhof:
Ein wachsamer Wechselgesang
Um die Aufmerksamkeit
   der lieben Zuhörerinnen und Zuhörer:
Halbschlafende Stadtmenschen und
Nesthockende Artgenossinnen
Werden durch munter-milde Melodienbögen betört.
Mit Dreiklang und Refrain und Imitieren fremder Töne:
Ein Schlummerlied, ein Aufwachlied
   für uns

Klingende Stille und schläfrige Freude erfüllen
Zimmer und Hof und Welt
   … Der Morgen meditiert …

So wird's nicht bleiben:
Ins Quodlibet drängt sich der Gassenhauer,
Ein Grünfink greift jetzt ein,
Trillerpfeife überschrillt Melodie
Monotonie übertönt Harmonie
   Kontrastprogramm im Morgendämmer

Resigniert die Amsel? Triumphiert der Fink?

Sendepause um halbfünf ...
Dir setzt der Schlaf nochmal die Mütze auf

Blackbird singing in the Dead of Night

Ein Lied aus Frühaufstehers Radio? Ein Traumeslied?
Des Träumers Lied?
　　Ein Amsellied erklingt nun immer wieder
　　Sie singt ein langes *Tagelied* im Frühling.
　　Von Sonnenauf- bis Sonnenuntergang.

　　Von der Dachantenne im Hinterhof.
　　Wir sind auf Empfang ...

(e 2018, als eine Amsel ihr Revier im Hinterhof fand,
überarbeitete Fassung 09/2020)

Amsel-Gedicht No. 4
Ostersamstag 2020

Wir schlendern
an Schrebergärten vorbei
Weiß blühende Obstbäume
leuchten in der Nachmittagssonne

Auf einem hochgewachsenen Birnbaum
sitzt eine Amsel
eifrig putzt sie das schwarze Gefieder
Vorbereitung für den Solo-Auftritt am Abend
 Blackbird Singin' in the Evening Sun

Und die Laubenpieper
  bringen den Kugelgrill in Stellung
  hängen bunte Schaumstoffeier in die Zweige
  gießen Tulpen und Osterglocken
  Gärtnern, Spielen, Dösen, Plaudern
Telefonieren
mit Daheim-Gebliebenen

Ein friedlicher Nachmittag
zwischen Normalität und Nervosität
  in Zeiten von Corona
 ist ein Amsellied
  Trost-, Freude-, Hoffnungslied

  das Lied von der ewigen Wiederkehr des Frühlings
  sowieso

Amselgedicht No. 6

Hier singt eine Amsel,
da eine Mönchsgrasmücke.
Jede singt für sich ihr Lied

    Doch
aus dem Nebeneinander
    der Nachbarinnen im Park
aus dem Gegeneinander
    im Melodienwettbewerb
wird ein Miteinander:

    Ein dynamisches Duett
vom Zufall arrangiert.
Wir hören gerne zu.

(Mai 2020)

Amsel-Gedicht No. 7
Mailied – Oder: Variationen über ein Thema

I

Die Vögel
haben heute
vom Sonnenaufgang erzählt

Erst vereinzeltes Flüstern
Dann ein anschwellender Chor
der freudig Erwachenden
Bald tun sich Solisten hervor
Besonders Amseln fabulieren
sitzend auf luftigen Podien

Du hörst
kleine Episteln über die Wohltat der Wärme
        Seufzer über die Mühen des Alltags
Psalmen über den Segen des Lichts
        Spott über die Eitelkeiten der Frühaufsteher
Hymnen auf die Lebenslust
        Die Fabel von einer friedlichen Welt

II

Noch schlummernd
hörst du im Mai
Dass die Sonne aufgeht

Die Vögel erzählen dir davon
Erst vereinzelt und zögerlich
Dann huldigen sie Eos im Chor

Bald tun sich die Solisten hervor
Ein Sperling beginnt vorlaut eine Geschichte
    schon palavern die andern hinein
    (Spatzen zwitschern nicht gerne allein)
Ein Rotschwänzchen ist weniger gesellig
    es singt zwar munter, doch nicht so gefällig
Ein Fink fällt den andern häufig ins Wort
    fliegt aber auch schnell wieder fort

Und die Amseln singen
wenn keiner sie stört
ein Lied, das oft du gehört
und doch bist du immer
aufs Neue betört

Amsel-Gedicht No. 9
Ein kleiner Zyklus im Haiku-Stil

Zum Sonnenaufgang
singt uns die Amsel ihr Lied
So erwachen wir heiter

Amselmelodien
sind Balsam für die Seele
Du lächelst so sanft

Geduldig stöbert
die Amsel im toten Laub
Dann springt die Katze

Schimpft die Amsel
verschreckt sie die Nesträuber
Und Dösende auch

Scheinbar absichtslos
hüpft eine Amsel herum
Und angelt den Wurm

Ein Amseljunges
hockt verzagt auf der Mauer
Der Lockruf schwillt an

Auf dem Dachfirst singt
die Amsel das Radio spielt
Bird on the Wire

Amsel-Gedicht No. 11
Oder: Betrachtungen im Hochsommer

Die Nächte werden wieder kürzer;
Nur selten singen die Singvögel noch.

Morgens lärmen die Krähen.
Erwachen war harmonischer,
als die Amsel noch sang.

Erstaunlich, wie ihr Gesang die Einheit
von Widersprüchen vertont:
      Streben und Zögern
      Hoffnung und Resignation
      Taumel und Ermattung
      Zuversicht und Zweifel
Sommergedanken bei der Morgengymnastik.

Und im nächsten Frühjahr dann
überprüfst du die Theorie.
Und hörst auf jede neue Melodie.

Du weißt:
Sie ähneln sich
und sind doch nicht gleich -
Variation: das ist der Reiz.

Geflügelte Worte

Wo fliegen sie hin?
Auf den tristen Jahrmarkt der Belanglosigkeiten
der worte sind
Auf den schwankenden Boden der Verhältnisse
genug gewechselt
Auf den bröselnden Felsen der Gewissheiten
nun lasst uns
Auf das weite Feld der Wunschvorstellungen
endlich
Auf die lauten Plätze des zeternden Zorns
taten sehen

Worte blühen wie der Mohn
Worte wallen wie die Nebel
Worte zählen wie der Lohn
Worte fallen wie die Kegel

    Worte blühen wie die Heide
    Worte wogen wie das Korn
    Worte stechen wie ein Dorn
    Worte schmeicheln wie die Seide

Worte blühen wie der Raps
Worte funkeln wie die Sterne
Worte beißen wie der Schnaps
Worte sprudeln wie die Therme

    Worte blühen wie die Wicken
    Worte trutzen wie ein Turm
    Worte peitschen wie ein Sturm
    Worte summen wie die Mücken

Worte blühen wie der Dost
Worte schwirren wie Libellen
Worte schäumen wie der Most
Worte säuseln wie die Quellen

    Worte blühen wie die Lilien
    Worte kleben wie der Leim
    Worte knospen wie ein Keim

Wörter bilden Wortfamilien

Mir nicht egal

wie die Stadt immer stärker verdreckt,
mir nicht egal
dass sich die O.K. hier versteckt.

Mir nicht egal
dass viele die Gesetze missachten,
mir nicht egal
wenn Nachbarn ihre Nachbarn verachten.

Mir nicht egal
dass wir uns im Kulturkampf verbeißen,
mir nicht egal
wenn soziale Bindungen reißen.

Mir nicht egal
wie Rassisten die Gehirne verkleistern,
mir nicht egal
wenn sich Extremisten für Waffen begeistern.

Mir nicht egal
wenn Menschen ihre Würde verlieren,
mir nicht egal
wenn Ideologen unsere Kinder verführen.

Mir nicht egal
wenn Bürger aus Angst die Freiheit verschmähen,
mir nicht egal
dass wir bei Unrecht und Elend so häufig
wegsehen.

Mir nicht egal
     wie Aggro-Radler Fußgänger bedrängen,
mir nicht egal
     wenn Verschwörungskader Versammlungen
                               sprengen.

Mir nicht egal
     wie Quertreiber die Wahrheit umdeuten,
     dass Lohndrücker die Schwachen ausbeuten.

Mir nicht egal
     dass der Egoismus immer schlimmer grassiert,
mir nicht egal
     wenn Jähzorn den Blick für den Andern blockiert.

Mir nicht egal
     wenn Bürokraten nur noch die Mängel verwalten,
mir nicht egal
     wenn alle in den Mir-Doch-Egal-Modus schalten.

Montagmorgen

Blick in den Spiegel -
Wer schaut dich an?

Der Auskunftgeber für Alternativanfragen
Ein Vermittlungsagent der Vorfreude

Der Langeweiler der Lippenbekenntnisse
Ein Philosoph der Planlosigkeit

Der Melancholiker der Mondscheintarife
Ein Sonderermittler der Sinnsuche

Der Querdenker für Querschnittsaufgaben
Ein Großmeister verpasster Gelegenheiten

Der Zweckoptimist für Zielprognosen
Ein Sportsfreund der Spiegelfechterei

oder einfach nur

der müde DreiTageBartTräger
der sein selbstironisches
Weltbild einübt

Weggehen
um neu zu beginnen

Weggehen
um sich zu lösen
wovon, warum, von wem?

Weggehen
um zu sich selbst zu finden

Weggehen
um anzukommen
wo und wie, bei wem?

Weggehen
um unterwegs zu sein

Weggehen

können...
wollen ...
müssen ...

Weggehen
und wiederkommen:
Wann und wie, zu wem?

Verspätung

Ich stehe auf dem Bahnsteig,
bin mal wieder zu früh.
Der Zug hat Verspätung -
gute Laune: perdu

Habe viel Zeit, die Leute zu mustern:
Wie sie zürnen, sich spreizen, aufplustern,
Wie sie immer wieder den Fahrplan studieren,
Ständig Platzkarte und Fahrschein sortieren.

Wie die quicken Schicken voll Entzücken aufs Display
blicken
und schnell noch sechs Selfies verschicken,
Wie sich die Reisegruppe strategisch postiert
Und ein Schwiegersohn die Schwiegermama hofiert.

Wie ein Schüler planlos seinen Atlas durchblättert
Und das kecke Mädchen über Rollkoffer klettert,
Wie der Müllmann eine Bananenschale aufspießt
Und eine eitle Dame die Rolle der Lady genießt.

Wie ein Sunnyboy die Grüppchen umtänzelt
Und ein Chihuahua ums Frauchen scharwenzelt,
Wie rosa Zwillinge das Kuschelkissen drücken
Und zwei dicke Jungs mit ner Aludose kicken.

Endlich wird die Ankunft des Zugs avisiert.
Der Bahnsteig gerät in Bewegung:
Drängeln, Schnaufen – die gewohnte Erregung.
Wer lamentiert, ist schon ausmanövriert.

Dann sind alle drin und suchen ihren Platz.
Nur ich steh noch draußen, suche dich, mein Schatz -
Bist du etwa doch nicht gekommen?
Hast du den Zug später genommen?

Ob ich nochmal, ehe ich gehe,
auf dem Fahrplan nachsehe -
Ich höre deine Stimme ganz nah
und blicke mich um: Da bist du ja!

(e 11/2017)

Sonntags ist B e w e g u n g
im Park

Babys schnullern
Kinder kullern
Väter kicken
Mütter stricken

Frisbees schwirren
Brillen flirren
Roste rauchen
Hunde fauchen

Trinker streiten
Wolken gleiten
Beamte joggen
Hipster bloggen

Rentner dösen
Singles lesen
Paare tändeln
Teenies pendeln

Muskeln protzen
Knaben trotzen
Kleider knittern
Spatzen twittern

Freche flitzen
Brave sitzen
Sinne taumeln
Seelen baumeln

Rühmkorf

Schöpfer brillianter Wortlogeleien
Sammler pikaresker Wortmogeleien

Ich knuspre gern von deinem *Jambenbrot*
Jubidubi färbt es meine Wangen rot

Hin und wieder klampf ich auf der *Tirilyrileier*
düdelüdüt ‚n' Grotesksong über Silbenreiher

Überm *Blechhorizont* sprießen *Sonnenspelzen*
Da steig ich stracks auf meine Stabreim-Stelzen

Die *Rüben-Nymphe* simst mir nen entzückerten Gruß
Und die *Nachmittagstigall* pfeift den *Nichtikus*-Blues

Die ‚Rühmkorfwörter'[3] animieren dich zum Selber-Dichten
Beim Scrabbeln musst du wohl auf einige verzichten:

Pfauenaugenblick – welch wünschensWortwert!
Bei *Feenkot* kucken Fantasytasten wohl empört.

Erlebtes
Rückblick
Imagination
Nebel
Nostalgie
Erfahrung
Rekonstruktion
Nacherzählen

Sommer 67 – oder: Love is all you need

Wir saßen auf der Mauer auf der Lauer
                                nach des Lebens Kick
Und fabulierten gerne und viel
Über Schule, Mode & Pop ... ja sogar Politik.
Wir stritten ohne Kalkül, doch mit Elan und Gefühl.

Wir saßen auf der Mauer auf der Lauer
                                nach des Lebens Kick
Wenn zwei dort saßen, waren bald ein paar andere da.
Ein Mechanismus wie ein Gesetz der Physik:
Die Anziehungskraft der Clique ... na klar.

Wir saßen auf der Mauer auf der Lauer
                                nach des Lebens Kick
Manchmal fuhr ein KarmanGhia oder Porsche vorbei.
Da sprudelten die Wünsche EinsZweiDrei -
Eine vage Sehnsucht bestimmte den Blick ...

Wir saßen auf der Mauer auf der Lauer
                                nach des Lebens Kick
Wir suchten unsre Rolle, wir suchten ein Profil:
Brauchst du viel Lob? Erträgst du Kritik?
Wann zeigst du Gefühl? Wann gibst du dich kühl?

Wir saßen auf der Mauer auf der Lauer
                              nach des Lebens Kick
Wird der dich mal treffen in unserm kleinen Kaff?
Wo findest du Abenteuer, Freiheit und Glück? -
Und ich hörte die heitere Hymne des Sommers:

All you need is Love ...

Love is all you need!

Mahd

Du gehst über
diese frisch gemähte Wiese
der Duft des Heus
weht dich an

Und du schmeckst
im Duft des Heus
für ein paar Atemzüge
die Sommer der Kindheit.

Da funkt dein Verstand
Klischee
Doch dein Gefühl
verteidigt die Idee

Und du nimmst
eine Handvoll getrocknetes Gras
streust es über deinen Kopf
wie damals

Ein Spaziergänger ruft
Spinner
Deine Liebste
gibt dir einen Kuss.

Ostern 1991

Bald schreibt sich der Ort im Wort
zum Erlebnis des Frühlings fort

Aquarellesk verschwimmt die
verwitternde Villa -
die durchreisende Kleinfamilie kriegt
das letzte Zimmer im hummerfarbenen Hotel

Rasch gleitet das Tragflächenboot
über den See: auf Sirmiones
römischem Hain dösen wir
zwischen demokratisierten Ruinen

Das kleine Zimmer unter dem Dach
blickt in die Stadt:
ihr tragt die Melodie ihrer Gassen
zu mir mit herein

Ostersonntag - Operette am Vormittag:
Spaziergänger überschwemmen die Promenade
fröhlich und feist, honett und adrett,
palavernd und posierend, katholisch und keck
        wie
Limonenlimonade sprudelt die Luft
und lockt Zitronenfalter vor den
Spiegel des silbernen Sees

In den Olivenhainen hoch über der Stadt
feiern wir mit den blühenden Boten
des Frühlings das Fest

Nordwärts zieht es die Schwalben
                    zögerlich noch
nehmen auch wir Abschied
        vom
Ort der Heiterkeit -
wo wir fröhliche Tage erlebten

9. November 2019

          MAUER
                  FALL
                          Jubiläum

Der ‚Tagesspiegel' fragt[4]

Wovon träumst Du?

Träum ich von Deutschland
in der Nacht?
Ich träume
am liebsten von DIR!

Oft führt die Traumenergie
ihre eigene Regie:
          Banales rotiert ins Groteske
Vergangenes strandet im Jetzt
          Reales kippt ins Fantastische
Ängste treiben mich in die Enge
          Freude beflügelt mein Handeln

          Neue Räume schaffen Freiheit[6]
Traum, Gewissheit, Hypothese ...
... Perspektive für OstWestNordSüddeutsche
                  und
          unsere Migranten

Ein bekanntes Möbelhaus parolisiert
Für die Einheit / zwischen Mensch / und Möbel
Sich im Vergessen bequem einrichten?

Vertrieben, ermordet, erinnert

Der 9. November in Deutschland:
    Freiheit und Terror
    Freude und Trauer
    Hoffnung und Leid
    Aufbruch und Abgrund

Sonntagsspaziergang im Volkspark
22. März 2020[6]
Ein Frühlingsspaziergang zwischen Vorsicht und Vergnügen

Schwerfüßig trottet ein JoggerTandem heran
Werden sie den AB   STAND einhalten?
Grademal   so

Vor 1 Woche spazierte das Volk pulkweise
in seinem Park herum
Heute formiert man sich zum Paar-Laufen

Ungewohnt nahe kommen wir einem
        Rotkehlchen
1½ Meter vom Weg entfernt sitzt es
in einem blätterlosen Strauch
und hält Blickkontakt zu uns
        Wir bewundern den
        Mut des Rotkehlchens[7]
        wie seinen leisen Gesang -
Vor dem flott gehenden Fußgänger
weicht es aus ins hintere Geäst
Fliegt aber nicht davon
Und hat Geduld mit uns
wie wir mit ihm

Dann spazieren wir weiter -
Ein frischer Baumstumpf
bietet uns Platz
und wir genießen
        die Märzsonne

Und dieses graue Vögelchen mit hellem Bauch?
Keine Meise, kein Spatz – das ist klar
Vielleicht der erste
      Zilpzalp?
Kein Gesang gibt sichere Auskunft

Wenig später – so unerwartet heute
      ein Schwanzmeisen-Pärchen:
Bauen die etwa ein Nest?

Und wie immer im März
unermüdlich trillernd
      die Kleiber

      Die Vögel
Zwitschern vom fröhlichen Frühling
      Mobiltelefonisten
Plaudern über Pandemie-Probleme:
      das/der Virus ist dauerpräsent

Vergessen, verdrängen?
Keine Option:
Wir erfreuen uns an den Farben des Frühlings
      Forsythien-Gelb
      Zierkirschen-Rosa
      Hyazinthen-Blau
Dort blühen Purpurnesseln
Hier verblassen die Veilchen bereits
Drüben knospen die ersten Kastanien

Eltern bringen sich und
ihre großgruppenentwöhnten Kinder
 in Schwung

Ein rosajackiges Mädchen auf rosafarbenem
Fahrrad (Bluetooth-Lautsprecher baumelt am Lenker)
hört rosafarbene Girlsmusik wie
Rosaliebende Mädchen sie mögen

Nun kommen immer mehr
  An-die-frische-Luft-Geher
Wie kann man den nötigen
  AB   STAND
weiterhin wahren?
  Mit Vor- und Rücksicht …
Hier einen Umweg, da einen
versteckten Trampelpfad nehmend

Und dann – was wippt denn da?
Tatsächlich: ein
  Bachstelzen-Paar

Anmerkungen

1 zit. nach: Bob Dylan. Texte und Zeichnungen. 11 Outlined Epitaphs. Deutsch von Carl Weissner. Zweitausendeins 1975. S. 306

2 Titel ‚The Bundle'/'Der Bau': Episode 1 im Rahmen der Performance „Inside Out" von Isabelle Schad (gesehen am 16. Aug. 2018; Tanz im August, Berlin)

3 Für diese kleine Reimerei gepickt von der gleichnamigen ‚Postkarte zur Ausstellung' „LASS LEUCHTEN! Peter Rühmkorf zum Neunzigsten" (im Altonaer Museum 2019/2020).

4 In einer 48-seitigen Sonderbeilage

5 Überschrift auf der KULTUR-Seite

6 Der Tag, an dem über die ‚Kontaktsperre' entschieden worden ist.

7 Titel eines Romans von Maurizio Maggiani (dt.,1999)

Inhalt

FSC
www.fsc.org
MIX
Papier | Fördert
gute Waldnutzung
FSC® C083411

Zeitfracht Medien GmbH
Ferdinand-Jühlke-Straße 7
99095 Erfurt, Deutschland
produktsicherheit@kolibri360.de